Rainald Bierstedt

GOLF-OLYMPISCHES WORKBOOK
Festige bzw. teste dein Olympisches Wissen!

Teil 5 der 5-teiligen Reihe
Beiträge zur Verbreitung der Olympischen Idee im Juniorgolfsport

Die 5-teilige Reihe im Überblick:

Teil 1:
OLYMPISCHE SPIELE UND GOLF
Schau kurz zurück, um Künftiges besser zu überblicken!

Teil 2:
OLYMPISCHE IDEE UND IDEALE IM GOLF
Grundlegende Orientierung auch für dich!

Teil 3:
FAIR GEHT VOR! UND SPIRIT OF THE GAME
Zeige, dass du Sportsgeist hast!

Teil 4:
CITIUS – ALTIUS – FORTIUS:
TRAINIEREN UND WETTKÄMPFEN IM GOLF
Gib dein Bestes, Leistung macht Spaß!

Teil 5:
GOLF-OLYMPISCHES WORKBOOK
Festige bzw. teste dein Olympisches Wissen!

Rainald Bierstedt

GOLF-OLYMPISCHES WORKBOOK

Festige bzw. teste dein Olympisches Wissen!

Teil 5
der 5-teiligen Reihe
*Beiträge zur Verbreitung der Olympischen Idee
im Juniorgolfsport*

Bibliografische Information der Deutschen Nationalbibliothek:
Die Deutsche Nationalbibliothek verzeichnet diese Publikation in der Deutschen Nationalbibliografie; detaillierte bibliografische Daten sind im Internet über http://dnb.d-nb.de abrufbar.

2. Version Februar 2017

© Rainald Bierstedt 2017

Herstellung und Verlag:
BoD - Books on Demand, Norderstedt
ISBN 978-3-7431-3363-1

Die Beiträge des Autors zur Verbreitung des Olympischen Gedankens im Golfsport stützen sich im Wesentlichen auf Erfahrungen und Erkenntnisse aus seinen zurückliegenden Tätigkeiten seit 1995 als ...

- ❖ Lehrer für das Wahlpflichtfach 1 und 2 Golfsport an der Grund- und Gesamtschule Spreenhagen (bei Berlin) sowie an der 1. Oberschule Fürstenwalde (jetzt Spree-Oberschule),
- ❖ Leiter einer Schulsport-AG Golfsport im Rahmen der Jugendinitiative „Abschlag Schule" des DGV u. der VcG,
- ❖ Projektleiter des DGV-Schülerprojekts Golf-WM 2000,
- ❖ Mitorganisator bei der deutschlandweiten Einführung bzw. Etablierung von Golf in JUGEND TRAINIERT FÜR OLYMPIA,
- ❖ Beauftragter für Schulgolf des Landes Brandenburg im Auftrag des Ministeriums für Bildung, Jugend und Sport,
- ❖ Verantwortlicher für die Durchführung der Brandenburger Landesfinals Golf JUGEND TRAINIERT FÜR OLYMPIA,
- ❖ Durchführender diverser Projekte GOLF& OLYMPIA,
- ❖ Jugendwart eines Golf Clubs,
- ❖ Schulsportbeauftragter eines Golf Clubs,
- ❖ Teilnehmer an einem Trainer-C-Lehrgang Breitensport / Schulgolfsport,
- ❖ Lehrbeauftragter an der Universität Potsdam, Institut für Sportwissenschaften, für das Themenfeld „Pädagogische Aspekte des Golfsports",
- ❖ Verantwortlicher für 17 Lehrer-Fortbildungsveranstaltungen „Schulgolfsport" im Land Brandenburg,
- ❖ Gestalter und Betreuer der Info-Points „Golf & Schule" sowie „Golf–Olympia–Jugend" im Resort A-Rosa Scharmützelsee, in Kooperation mit der Deutschen Olympischen Gesellschaft,
- ❖ Referent zu Fragen des Schulgolfsports, u.a. an der Deutschen Sporthochschule Köln
sowie
- ❖ als Autor von 25 Publikationen über Golfsport.

Mit

freundlicher Empfehlung

INHALT

Einleitung 9

I. Arbeitsblätter 10
01. Die Olympischen Spiele im Zeitraffer
02. Olympismus antik und neuzeitlich, Teil 1: Der Gleichklang
03. Olympismus antik und neuzeitlich, Teil 2: Der Unterschied
04. Golf in Aktion: Ein „Olympischer Golf-Pentathlon"
05. Auf den Spuren des Baron Pierre de Coubertin
06. Die Olympische Idee
07. Im Geiste der Olympischen Idee / Ideale handeln
08. Höhepunkte der Olympischen Spiele
09. Olympische Symbolik (1): Olympische Ringe / Hymne
10. Olympische Symbolik (2): Olympisches/r Feuer / Fackellauf
11. Olympische Symbolik (3): Olympischer Eid
12. „Olympism in Action"
13. Fair geht vor, Teil 1: Grundsätzliches
14. Fair geht vor, Teil 2: Golf und Fair Play
14. Fair geht vor, Teil 3: Fair Play in Action
16. Citius – Altius – Fortius
17. Die Olympischen Golfturniere 1900 und 1904
18. Das Olympische Golfturnier 2016
19. Golf-Olympisches 2020
20. Jugendlager anlässlich Olympischer Spiele
21. Youth Olympic Games (YOG): Olympische Jugendspiele
22. Die dsj-Workcamps bei den YOG
23. – 40. Olympisch gut 'drauf mit der Golfetikette!
       Ein Test über 18 Löcher: Wie gut bist Du schon 'drauf?

II. Lösungsblätter 50

III. Literaturhinweise 70

„Olympismus ... zielt darauf ab,

eine Lebensart

zu schaffen,

die ... auf dem erzieherischen Wert

des guten Beispiels

... aufbaut."

Aus der Charta des IOC
in der Fassung vom 2. August 2016

Einleitung

Hallo Golffreunde,

mit diesem Büchlein endet die 5-teilige Reihe „Beiträge zur Verbreitung der Olympischen Idee im Juniorgolf".

Wir teen symbolisch noch einmal auf und schlagen zur „Wissensüberprüfung" ab.

Aber keine Panik, es gibt keine Zensuren und sitzenbleiben kann auch keiner.

Testet einfach nur euer Wissen, für euch selber. Stellt fest, wie gut ihr schon `drauf seid.

Wenn ihr merkt, ihr seid euch nicht ganz sicher, dann schlagt am besten den einen oder anderen Teil der Reihe nochmals auf und lest nach.

Zur Endkontrolle findet ihr unter II. die Lösungen.

Auf jeden Fall könnt ihr damit euer Olympisches Wissen festigen und seid so besser in der Lage, über das große Thema Olympia mitzureden.

Für diesen Zweck wäre außerdem das Special-Book „GOLF-OLYMPISCHES VON A BIS Z" zu empfehlen.
Eine kompakte, aber kurze Darstellung aller wichtigen golf-olympischen Begriffe.

In diesem Sinne, viel Spaß!

Der Autor

I. ARBEITSBLÄTTER

Arbeitsblatt 01
Die Olympischen Spiele im Zeitraffer

Aufgabe: Ergänze die fehlenden Angaben in der Skizze.
Lies dazu im Teil 1 der vorliegenden Reihe nach.

Die Olympischen Spiele der Neuzeit

XXIV. Olympische Winterspiele in _____ im Jahr ____
I. Olympische Winterspiele in _____ im Jahr ____

XXXII. Olympische Sommerspiele in ____ im Jahr ____
I. Olympische Spiele in _____ im Jahr ____

Versuche zur Wiederbelebung der Olympien

„Zappian Games" von ____ bis ____
„Wenlock Olympian Games" von ____ bis heute.
„Olympiades de la République" von ____ bis ____
„Drehberg-Festspiele" von ____ bis ____
„Olimpick Games upon Cotswold-Hills" von ____ bis ca. ____

Die Olympischen Spiele der Antike im griechischen Olympia

Verbot der Spiele in Olympia durch den römischen Kaiser
_____ im Jahr _____ n. Chr.

Die letzten, die 287. Olympischen Spiele, im Jahr ____ n. Chr.

Die 1. Olympischen Spiele im Jahr _____ ___ _____

Arbeitsblatt 02
Olympismus antik und neuzeitlich

1. Der Gleichklang

A) Gleichklang im Grundsätzlichen:
Die Olympische Idee der Antike fußt auf der Kalokagathia.
<u>Aufgabe:</u> Lies im Teil 1, arbeite heraus, was Kalokagathia ist.
Die *Kalokagathia* beinhaltet _____

_____
_____
_____
_____
_____
_____
_____
_____

Die Olympische Idee der Neuzeit fußt auf Coubertins Ideen.
<u>Aufgabe:</u> Lies mehr dazu im Teil 1, arbeite heraus, was moderner Olympismus laut IOC bedeutet.
Der Olympismus ist _____

_____
_____
_____
_____
_____
_____

B) Gleichklang auch in der Organisation (bei versch. Inhalten):
> _____
> _____
> _____

> _____
> _____
_____

Arbeitsblatt 03
Olympismus antik und neuzeitlich

2. Der Unterschied

Aufgabe: Lies nach im Teil 1, finde die Unterschiede heraus.

	Olympische Spiele der Antike	Olympische Spiele der Neuzeit
Territoriale Ausdehnung national oder international		
Weltanschauliche Orientierung		
Austragungsort		
Athleten		
Ergebnisermittlung		
Siegerehrung		
Einhaltung der Regeln		
Eintritt		

Arbeitsblatt 04
Golf in Aktion: Ein „Olympischer Golf-Pentathlon"

in Anlehnung an den 5-Kampf der Olympischen Spiele der Antike (Pentathlon); 5 Wettbewerbe = 5 Mal Freude am Golfen in einer anderen Weise

Aufgabe 1: Finde zunächst die 5 Disziplinen und einige Fakten dazu heraus (siehe Teil 1)
1. _____
2. _____
3. _____
4. _____
5. _____

Aufgabe 2: Und dann: Golf in Action –
Wir treten zu einem „Olympischen Golf-Pentathlon" an!
1. **Pitch-Contest über ein hohes Hindernis (z. B. ein Busch)**
   Wertung: Wer schafft die meisten Pitches nacheinander über das hohe Hindernis?
2. **Sand-Spiele: Schläge aus einem (möglichst tiefen) Bunker**
   Wertung: Wer kommt am dichtesten an die Fahne heran?
3. **The longest Drive**
   Wertung: Wer kommt am weitesten?
4. **Speedgolf, 1 Spielbahn, Par 3**
   Wertung: Anzahl der Schläge + Zeit ergibt Gesamtpunktzahl
5. **Das Putt-Duell**
   Wertung: nach K.O.-System, die Gewinner kommen jeweils 1 Runde weiter bis der Sieger feststeht. Pro Runde soviel Putts bis einer 2:0 bzw. 3:1 oder 3:2 gewonnen hat. Länge der Putts: 2 m, 4 m, 6 m. Bei Gleichstand wird das Loch nochmals gespielt bis einer gewinnt.

Gesamtwertungssystem: Da es selbst unter den Forschern keine einheitliche Auffassung gibt, nach welchem System beim antiken Pentathlon verfahren wurde, machen wir es so: Ihr überlegt euch selber, nach welchem Modus der Sieger ermittelt wird.

Arbeitsblatt 05
Auf den Spuren des Baron Pierre de Coubertin
Schritte zur Wiedereinführung der Olympischen Spiele

Aufgabe: Beantworte die Fragen 1-7 (siehe auch Teil 2).

1. Besonders beeindruckt war Coubertin von der Schulsportpraxis und den Reformen der Public School in der mittelenglischen Stadt Rugby. Der Headmaster Thomas Arnold führte von 1828 bis 1842 grundlegende sportpädagogische Reformen an seiner Schule durch. ***Worin bestand der Kern dieser Reformen?***
2. Verschiedene Bildungsreisen führte Coubertin ab 1883 durch. ***Wozu inspirierten ihn diese Reisen?***
3. Die deutschen Ausgrabungen in Olympia von 1875 bis 1881 interessierten Coubertin sehr. ***Wozu regten diese Ausgrabungen Coubertin an?***
4. So genannte „olympische" Sportfeste in vielen Ländern Mitte/Ende des 19. Jahrhunderts, besonders die Much Wenlock Olympian Games in England, ließen bei Coubertin die Idee von *internationalen* Olympischen Spielen reifen. ***Er verfolgte zwei grundlegende Ziele. Welche waren es?***
5. Erstmals trat Coubertin im November 1892 mit seinen Vorstellungen an die Öffentlichkeit. An der Pariser Sorbonne hielt er einen Vortrag über Geschichte und Bedeutung „körperlicher Übungen". Aus dieser Rede ist ein Aufruf impulsgebend geworden. ***Um welchen berühmten Aufruf Coubertins handelt es sich?***
6. Im Juni 1894 lud Coubertin zu einem Internationalen Kongress nach Paris ein. An dessen Ende standen zwei fundamentale Beschlüsse. ***Welche?***
7. Die 1. Olympischen Spiele finden 1896 in Athen mit großem Erfolg statt. Nach den Spielen übernahm Coubertin ein wichtiges Amt im IOC, das er bis 1925 ausübte. ***Welches Amt war das?***

Arbeitsblatt 06
Die Olympische Idee

Aufgabe: Lesen, diskutieren und eine Frage beantworten. Worin bestehen die Kerngedanken der Olympischen Idee? Lies dazu den unteren Text gründlich durch. In den Teilen 1 und 2 findest du weitere wichtige Aussagen drüber.

In der deutschen Sprache werden drei Begriffe gebraucht, die eigentlich identisch sind:

Olympische Idee; Olympischer Gedanke; Olympismus.

In der Charta des IOC heißt es im Abschnitt „Grundlegende Prinzipien des Olympismus" unter anderem:

„Der Olympismus ist eine Lebensphilosophie, die in ausgewogener Ganzheit die Eigenschaften von Körper, Wille und Geist miteinander vereint und überhöht. Durch die Verbindung des Sports mit Kultur und Bildung zielt der Olympismus darauf ab, eine Lebensart zu schaffen, die auf der Freude an Leistung, auf dem erzieherischen Wert des guten Beispiels sowie auf der Achtung universell gültiger fundamentaler ethischer Prinzipien aufbaut.
Ziel des Olympismus ist es, den Sport in den Dienst der harmonischen Entwicklung des Menschen zu stellen, um eine friedliche Gesellschaft zu fördern, die der Wahrung der Menschenwürde verpflichtet ist."
(Übersetzung von Prof. Dr. Christoph Vedder und Prof. Dr. Manfred Lämmer).

Davon ausgehend kann man 5 Visionen / Ideen ableiten, die den Gehalt der Olympischen Idee ausmachen.

Um welche 5 Visionen handelt es sich?

Arbeitsblatt 07
Im Geiste der Olympischen Idee / Ideale handeln

Aufgabe: Denke nochmals über den Inhalt der Olympischen Idee nach und stelle dir persönlich die Frage: *Was heißt es für dich als Golfsportler, im olympischen Geist zu handeln?*
Zur Beantwortung der Frage schlage auch in Teil 2 und 3 nach.

Im Sinne des Olympismus sich „olympisch" zu verhalten, heißt:

1.

2.

3.

4.

5.

Arbeitsblatt 08
Höhepunkte der Olympischen Spiele

Aufgabe:
Neben den Wettkämpfen sind die Eröffnungsveranstaltung und die Schlussfeier die Höhepunkte der Olympischen Spiele. Stelle dir vor, dass du in Rio dabei sein könntest. Schon jetzt machst du dich mit dem Ablauf dieser beiden absoluten Highlights vertraut. Notiere dir den Ablauf dieser Feiern, die nach einer festen Zeremonie ablaufen. Schlag nach im Special „GOLF-OLYMPISCHES VON A BIS Z" oder informiere dich im Internet.

Die Eröffnungsfeier der Olympischen Spiele:
1.
2.
3.
4.
5.
6.
7.
8.
9.
10.

Die Schlussfeier der Olympischen Spiele:
1.
2.
3.
4.
5.
6.
7.
8.
9.

Arbeitsblatt 09
Olympische Symbolik (1)

Olympische Ringe

Aufgabe1: Beantworte folgende Fragen:
Siehe auch Special „GOLF-OLYMPISCHES VON A BIS Z" oder informiere dich im Internet.
1. Wie ordnet das IOC die Olympischen Ringe ein?
2. Worin bestand Coubertins ursprüngliche Idee?
3. Was symbolisieren die Ringe heute?
4. Male die Ringe in den 5 Farben aus.

Olympische Hymne (deutsche Übersetzung)
Uralter unsterblicher Geist, wahrer Vater
der Schönheit, der Größe und der Wahrheit,
steig herab, offenbare dich uns hier als Blitz
in der Herrlichkeit deiner Welt, deines Himmels.
Beim Laufen, Ringen und beim Weitwurf
erleuchte die Kraft, die den edlen Spielen innewohnt,
und kröne mit dem nie verwelkenden Zweig,
und mache den Körper ehrenwert und wie aus Stahl.
Ebenen, Berge und Meere leuchten von dir
wie ein weißer und purpurfarbener großartiger Tempel,
und es eilen zu dem Tempel hier, als deine Pilger,
alle Nationen, o uralter, unsterblicher Geist.

Aufgabe 2: Interpretiere den Text.
Bedenke: Die Hymne wurde eigens für die 1. Olympischen Spiele 1896 in Athen geschrieben: von den Griechen Kostas Palamas (Text) und Spiridon Samaras (Komponist). Denke z.B. auch darüber nach: Hymnen sind im Allgemeinen Loblieder. **Trifft das auch auf diese Hymne zu?** *Hinweis: Seit 1958 ist sie offizielle olympische Festmusik des IOC und wird während der Eröffnungs- und Abschlussfeier der Spiele beim Hissen/Einholen der Olymp. Flagge gespielt und/oder gesungen.*

Arbeitsblatt 10
Olympische Symbolik (2)

Olympisches Feuer, Olympischer Fackellauf

Aufgabe 3: Fülle den Lückentext aus.

Das Olympische Feuer wird im griechischen _____ einige Monate vor der Eröffnung der Olympischen Spiele von Schauspielern in Gestalt von Priesterinnen vor den Ruinen des _____ entzündet.

Choreografie und Kostüme sind der _____ nachempfunden.

Das Feuer wird mittels Parabolspiegels durch Bündelung des Sonnenlichts entfacht. Danach wird es in einem Tongefäß in das alte Stadion getragen. Dort wird die Flamme durch die „Hohepriesterin" dem ersten Läufer _____ übergeben.

Erste Station ist das Panathinaikon-Stadion in _____, in dem die 1. Olympischen Spiele der Neuzeit im Jahre _____ stattfanden.

Bis 2008 galt:
Der weitere Verlauf wird durch das NOK der jeweiligen Olympischen Spiele organisiert. Die Fackel wird normalerweise von _____ zu Fuß getragen, über längere Distanzen ist aber eine Beförderung mit anderen Transportmitteln wie Pferd, Auto, Fahrrad, Flugzeug oder Schiff möglich.

Um einen sicheren Transport zu gewährleisten, kann die Flamme in einer Grubenlampe geschützt werden.

Arbeitsblatt 11
Olympische Symbolik (3)

Der Olympische Eid

Der Olympische Eid ist eine Art Verpflichtung der Teilnehmer der Olympischen Spiele. Bereits bei den Olympischen Spielen der Antike war es Tradition, dass die Athleten schworen, die Regeln der Wettkämpfe zu achten und sich den Mitstreitern gegenüber fair zu zeigen. Bei den Spielen 1920 in Antwerpen wurde dieser Brauch wieder eingeführt. Der Text wurde danach mehrmals geändert.

Seit Sydney 2000 gilt dieser Eid:

„Im Namen aller Athleten verspreche ich,

dass wir an den Olympischen Spielen teilnehmen

und dabei die gültigen Regeln respektieren und befolgen

und uns dabei einem Sport

ohne Doping und ohne Drogen

verpflichten,

im wahren Geist der Sportlichkeit,

für den Ruhm des Sports und

die Ehre unserer Mannschaft."

Aufgabe 4: Diskutiert den Inhalt dieses Versprechens.
Aufgabe 5: Sprecht ihn schon mal probeweise nach, laut und deutlich.

Arbeitsblatt 12
„Olympism in Action"

Aufgabe: Wende deine Englischkenntnisse an, übersetze oder schlage nach (Teil 1), kommentiere.

The motto: „To build a better world through sport "
Das Motto: „_____"

The content: (_____)

Olympic Values: (_____)
1. Excellence (_____)
  Das bedeutet für mich: _____
  _____
  _____

2. Respect (_____)
  Das bedeutet für mich: _____
  _____
  _____

3. Friendship (_____)
  Das bedeutet für mich: _____
  _____
  _____

Fields of Activities: (_____)
1. Development through sport: Putting human beings first
  _____
  _____

2. At grassroots level: Sport belongs to everyone
  _____

3. Education through sport: Developing body, will and mind
  _____

4. Peace through sport: Forging friendships among athletes
  _____

5. Environment: Preserving precious resources
  _____

6. Women and sport: Promoting women's participation
  _____

Arbeitsblatt 13
Fair geht vor: 1. Grundsätzliches

Coubertin: „Das Wichtige am Leben ist nicht der Triumph, sondern der Kampf. Wesentlich ist nicht gesiegt, sondern *ritterlich gut gekämpft* zu haben." Daraus folgt: Fair Play ist mehr als das Einhalten von Regeln, obwohl das schon viel ist. Fair Play ist vor allem *eine Geistes- und Charakterhaltung.*

Aufgabe 1: Erst lesen (Teil 3) dann diskutieren: Wie ist das zu verstehen? Welche (moralischen) Grundhaltungen sind gemeint? Welche Verhaltensweisen stehen dem entgegen? Mache Notizen.

Aufgabe 2: Löse folgende Aufgaben:
1. Fair Play ist eine moralische Grundhaltung, sie bedarf der ...

_____,
_____,
_____,
_____,
_____,
_____ und
_____.

2. Fair Play bedeutet Verantwortung gegenüber dem _____ als dem sportlichen _____ und schließt in diesem Sinne den Respekt vor des Partners _____ und _____ Unversehrtheit ein, also Respekt vor dessen _____!

3. Fair Play bedeutet auch:
P_____ zu beziehen gegen Missachtung der Olympischen Werte, wie:
D_____,
B_____,
R_____,
B_____,
B_____.

Arbeitsblatt 14
Fair geht vor: 2. Golf und Fair Play

Mit dem „**Spirit of the Game**" wird der wahre Geist des Golfspiels beschrieben.

Aufgabe 1: Arbeite heraus: Worin besteht dieser Geist? Nenne die vier Säulen und erläutere diese. Lies nach im Teil 3 oder im Regelbuch des DGV.

Der „Spirit of the Game" besteht aus diesen 4 Säulen:
1. _____,
2. _____,
3. _____,
4. _____.

Der Athlet soll also jederzeit den Sportsgeist erkennen lassen.
Diese vier Verhaltensweisen kann man sich z.B. auch, mit diesen vier Stichworten einprägen:

1. H = wie _____

2. E = wie _____

3. R = wie _____

4. D = wie _____

Aufgabe 2: Setzt euch kritisch und selbstkritisch mit Fair-Play-Fragen *in der Golf-Gruppe* auseinander, ohne zänkisch oder beleidigend zu sein. Zunächst, sammelt Beispiele, die wir im Sinne von Fair Play und damit als beispielhaft einordnen können. Sprecht dann über Verhaltensweisen beim Golftraining oder Wettspiel, die wir als unfair einstufen würden.

Arbeitsblatt 15
Fair geht vor: 3. Golf in Action

Über Fairness zu reden ist zwar wichtig, doch noch wichtiger ist es, sich fair zu verhalten, getreu dem Hinweis von Erich Kästner:
„Es gibt nichts Gutes, außer man tut es."
Fair Play kann man lernen / trainieren!

Los geht's:

<u>Aufgabe</u>: Wählt eine oder mehrere Aktivitäten aus, stellt dann zunächst kurz klar, worauf es besonders ***bei Fair Play*** ankommt und praktiziert danach diesen ***Fair Play-Schwerpunkt*** ganz bewusst.

Action 1: Auf der Driving Range
Fair Play-Schwerpunkt:
> _____

Action 2: Learning by doing: Etikette/Regelkunde in Aktion, auf 1 bis 3 Spielbahnen
Fair Play-Schwerpunkt:
> _____

Action 3: Mannschaftswettbewerb, Texas Scramble, Kurzplatz, 6 bis 9 Löcher spielen
Fair Play-Schwerpunkt:
> _____

Action 4: Einzel-Zählspiel, 3 bis 4 Löcher spielen
Fair Play-Schwerpunkt:
> _____

Final-Action: Wettspiel über 9 Loch auf dem Masterplatz
Fair Play-Schwerpunkt:
> _____

Arbeitsblatt 16
Citius – Altius – Fortius

Aufgabe: *Fülle die Lücken aus.*
Wenn es um Leistungen im Sport geht, wird das Olympische Motto „citius-altius-fortius" (_____-_____-_____) ins Feld geführt. Dieser Leitgedanke wird unterschiedlich ausgelegt. Zum einen: Im Hochleistungssport wird leider zum Teil mit unehrlichen Mitteln gekämpft, weil man eben schneller, höher, stärker als alle anderen sein will, um über den Sieg an das große Geld zu kommen. Zum anderen: Die Verfechter der Olympischen Ideale erinnern an _____ __ _____, den Begründer der Olympischen Spiele der Neuzeit, der den Sportlern sinngemäß mit auf dem Weg gab: *Nicht der _____ ist das Wichtigste, sondern ritterlich gut gekämpft, sich dabei verbessert und mit Freude hinzugelernt zu haben.* Dieser olympische Anspruch gilt auch heute noch.
Wichtige Erkenntnis daraus:
Die olympische Leistungserwartung hat demnach eine individuelle Dimension, ist also eine Aufforderung zur _____ Leistungsbereitschaft.
Generelle Schlussfolgerungen: Olympisch handelt also derjenige,
- ❖ der aus seinen Möglichkeiten _____ _____ _____ gibt, um etwas besser zu können als zuvor,
- ❖ der um die Erreichung seiner _____ Leistungsziele kämpft,
- ❖ der auf dem Wege dazu, auch _____ empfindet.

Das trifft für alle Ebenen des Sports zu: für den Leistungssport wie für den Breitensport. In diesem Sinne begreifen wir auch die Devise der Deutschen Olympischen Gesellschaft (DOG):
    „Leistung _____ _____".
Der Sieg ist zwar der höchste Ausdruck sportlicher Leistungsfähigkeit, aber er ist eben nicht alles.

Arbeitsblatt 17
Die olympischen Golfturniere 1900 und 1904

Aufgabe: Lies im Teil 1 nach und komplettiere die Tabelle.

	1900 Paris	1904 St. Louis
TEILNAHME Nationen Männer Frauen		
GOLFANLAGE		
MODUS Damen Männer		
Damen **ERGEBNISSE** Männer		

Arbeitsblatt 18
Das olympische Golfturnier 2016

Aufgabe 1: Informiere dich in Teil 1 oder in den Medien, ergänze die unten stehenden Fakten über das Golfturnier.

❖ *Der Zeitpunkt:*
Die Olympischen Sommerspiele wurden vom _ bis __ August 2016 in ___ __ _____ im südamerikanischen Land _____ ausgetragen. Das Golfturnier fand an insgesamt __ Tagen statt.

❖ *Der Spielmodus:*
Ein _____ über __ Löcher an jeweils vier Tagen für _____ und _____.

❖ *Teilnehmer:*
Am Start waren __ Herren aus __ Ländern sowie __ Damen aus __ Ländern. Deutschland war mit __ __ Damen und Herren vertreten.

❖ *Zu den Ergebnissen*

Männer:
Gold: _____, England, 268 Schläge (Total -16)
Silber: _____, Schweden, 270 Schläge (-14)
Bronze: _____, USA, 271 Schläge (-13)

Damen:
Gold: Inbee Park, _____, 268 Schläge (Total -16)
Silber: Lydia Ko, _____, 273 Schläge (-11)
Bronze: Shanshan Feng, _____, 274 Schläge (-10)

Die Platzierungen der deutsche Golfsportler:
* Herren: _____ (Platz 15) * _____ (21)
* Damen: _____ (25)   * _____ (21)

Aufgabe 2: Organisiert euer „eigenes Olympia-Turnier".
Je nach vorhandenen Bedingungen und Zeitvolumen könnt ihr einen Modus festlegen, der dem Olympischen Modus nachempfunden ist. Nach Möglichkeit sollten jedoch eine kleine Eröffnungsveranstaltung sowie eine würdige Siegerehrung stattfinden. *Anregungen dazu erhaltet ihr auch im Special „GOLF-OLYMPISCHES VON A BIS Z"*.

Arbeitsblatt 19
Golf-Olympisches 2020

Nähern wir uns einem Golfevent diesmal per Golf-Quizz.
Los geht's.

1. Die japanische Hauptstadt ist Ausrichter der Olympischen Spiele 2020. Die wievielten Sommerspiele sind es?
A) die XXX. Spiele   B) die XXXI.   C) die XXXII.   D) die XXXIII.

2. Tokio war bereits schon einmal Gastgeber der Olympischen Spiele. Wann war das?
A) 1960   B) 1964   C) 1968   D) 1972

3. Das Olympische Golfturnier 2020 ist das wievielte in der Geschichte der Olympischen Spiele?
A) das vierte   B) das fünfte   C) das sechste   D) das siebente

4. Der Golf Club, der das Turnier ausrichtet, heißt:
A) Kazusa Monarch Country Club
B) Kasumigaseki Country Club
C) Sakawa Royal Golf Club
D) Tokyo Golf Club

5. Japaner sind leidenschaftliche Golfer. Wieviel Golfplätze gibt es etwa in Japan.
A) 1000   B) 1500   C) 2000   D) 2500

6. In Tokio gibt es rund 500 Driving Ranges. Diese sind besonders bekannt für ...
A) Abschlagsflächen auf Naturrasen
B) grünfarbige Tee Lines aus langlebigem Kunstrasen
C) farbige Target Greens aus farbigem Synthetikrasen
D) 2-3 stockwerkhohe Abschlagplätze mit Flutlicht.

Arbeitsblatt 20
Jugendlager anlässlich der Olympischen Spiele

Aufgabe: *Nimm diesen Lesetext als Anregung, um dich ausführlicher über diese Seite des modernen Olympismus zu informieren.*

Es ist zu einer guten Tradition geworden, direkt am Austragungsort der Olympischen Spiele so genannte Deutsche Olympische Jugendlager durchzuführen. Diese Camps werden im Auftrag des DOSB von der Deutschen Olympischen Akademie (DOA) und der Deutschen Sportjugend (dsj) organisiert. Das Ziel besteht darin, über das unmittelbare Erleben der „olympischen Atmosphäre" die leistungssportliche Motivation der Nachwuchsathleten zu festigen, die Vereins- und Verbandsarbeit und das sportpolitische Engagement anzuregen, olympische Werte zu vermitteln sowie den interkulturellen Austausch zu fördern. Jugendliche im Alter von 16 - 19, die bestimmte Voraussetzungen erfüllen, können sich über ihre jeweiligen Fachverbände bewerben. Die Kostenbeteiligung der Teilnehmer beträgt nur ca. 500 Euro für die 2 Wochen. Monate vor den Spielen werden die ausgewählten Teilnehmer bei einem gesonderten Vorbereitungstreffen auf die Tage vor Ort vorbereitet. Dabei stehen zum Beispiel solche Themen auf der Agenda: Auseinandersetzung mit Fragen des Olympischen Gedankens und der Olympischen Werte, grundsätzliche Aspekte der Olympischen Erziehung, das Kennenlernen des Gastgeberlandes, das Kennenlernen untereinander sowie die Klärung organisatorischer Fragen. Am Olympia-Ort und eingekleidet mit einer Olympia-Kleidung nehmen die Jugendlichen aktiv teil an den kulturübergreifenden Programmen, die das IOC und das Gastgeberland für junge Leute aus der ganzen Welt vorbereitet hat. Im Kern geht es um das Kennenlernen anderer Kulturen sowie das Hineinschnuppern in die Olympische Atmosphäre. Und natürlich fiebert man besonders bei den Olympischen Wettkämpfen mit. In diesem Sinne tragen unsere Teilnehmer des Olympischen Camps zur Völkerverständigung bei und repräsentieren zugleich in würdiger Form ihr Heimatland und ihren DOSB.

Arbeitsblatt 21
Youth Olympic Games: Olympische Jugendspiele

Aufgabe: *Betrachte auch diesen Lesetext als Info für dich über diese neue Errungenschaft des Olympismus.*

Die YOG sind ein Sportereignis für junge Athletinnen und Athleten, das sich an den Olympischen Spielen orientiert. Neben den sportlichen Wettbewerben stehen pädagogische und kulturelle Inhalte im Mittelpunkt. Die Einführung der Olympischen Jugendspiele hat das IOC am 5. Juli 2007 bei der 119. Session in Guatemala-Stadt beschlossen. Damit nimmt das IOC seine besondere Verantwortung und Verpflichtung gegenüber der Jugend von heute und von morgen wahr, in dem ein eigener Event im Geist der Olympischen Spiele angeboten wird. Die 1. Olympischen Sommer-Jugendspiele wurden im August 2010 in Singapur und die 1. Olympischen Winter-Jugendspiele im Januar 2012 in Innsbruck ausgerichtet. Im vier Jahres-Zyklus geht es dann weiter. Im Sommer sind 12 Wettkampftage und im Winter 10 Tage vorgesehen. *Die Zielstellung:* Die Jugendspiele sollen junge Athletinnen und Athleten darin bestärken, ihren im Leistungssport eingeschlagenen Weg auf der Basis ethischer Werte und fundamentaler Prinzipien (siehe IOC-Charta) fortzusetzen.

Das Wettkampfprogramm: Das Sportprogramm der Sommer-YOG umfasst 26 Sportarten mit 201 Wettkämpfen. Durch die Vergabe so genannter „Universality Places" wird jedem der 205 NOKs die Teilnahme von mindestens vier Teilnehmern garantiert. Die Wettkämpfe werden in diesen Altersgruppen durchgeführt: 15-16 Jahre, 16-17 Jahre oder 17-18 Jahre. Es werden auch Dopingkontrollen durchgeführt (Urin- und Bluttests).

Das kulturelle und pädagogische Programm: Sämtliche Teilnehmer können sich in Workshops, Blogs, Chatrooms usw. austauschen. Exkursionen vervollständigen das Programm.

Diskussionsthemen: Olympismus, Karriereplanung der Athleten, Gesundheitsmanagement im Spitzensport, soziale Verantwortung, Kunst/Kommunikation/Medien.

Golf: Ab 2014 auch im Programm der YOG.

Arbeitsblatt 22
Die dsj-Workcamps bei den YOG

Aufgabe: Die Deutsche Sportjugend (dsj) organisiert Workcamps bei den Youth Olympic Games (YOG), den Olympischen Jugendspielen. Der Lesetext hält einige wichtige Infos für dich bereit.

❖ **Die dsj-Workcamps:**
Zusätzlich zu den deutschen Athletinnen und Athleten bei den Olympischen Jugendspielen bietet die Deutsche Sportjugend (dsj) *jungen Nachwuchskräften* aus den Bereichen ... Wettkampf (z.b. Schiedsrichter), Medien, Training und Management die Möglichkeit an, Olympia live zu erleben und gleichzeitig die eigenen Fähigkeiten in ihrem Fachgebiet weiter zu entwickeln.

❖ **Zielstellung:**
Mit diesen Workcamps will die dsj helfen, die Idee der Olympischen Jugendspiele zu verbreiten und mit Leben zu erfüllen. Dazu soll zunächst den Nachwuchskräften die Chance gegeben werden, die Jugendspiele vor Ort zu besuchen und zu studieren. Die Teilnehmer werden die gemachten Erfahrungen und gewonnenen Erkenntnisse mit nach Deutschland in ihre Vereine nehmen und so Impulse setzen.

❖ **Dauer des Camps:** 2 Wochen
❖ **Drei Aktivitäten stehen im Mittelpunkt:**
   1. Teilnahme an Seminaren mit Experten des jeweiligen Fachgebietes (Training usw.),
   2. Besuch der Wettkämpfe,
   3. Kontakt zur deutschen Jugend-Olympiamannschaft pflegen.

Außerdem: Außerhalb der Wettkämpfe und Workshops steht ein breites Kultur-, Sport- und Sightseeing-Programm auf dem Plan, um Land und Leute besser kennenzulernen.

❖ **Kosten:**
   Die Teilnehmer tragen einen Teil der Kosten selbst.

Arbeitsblatt 23
Olympisch gut drauf mit der Golfetikette!
Ein Test über 18 Löcher: Wie gut bist *du* schon 'drauf?
Aufgabe: Fülle den Lückentext aus.

SICHERHEIT!
Erst gucken, dann schlagen!

Bevor du einen Schlag oder Übungsschwung machst, vergewissere dich, dass du niemanden

weder mit deinem S_ _ _ _ _ _ _
noch mit
aufgewirbelten M_ _ _ _ _ _ _ _ _
treffen könntest.

Arbeitsblatt 24
Olympisch gut drauf mit der Golfetikette!

Außer Reichweite!

Schlage erst, wenn ...

* *die Spieler,*
die vor dir auf der Bahn spielen,

außer R _ _ _ _ _ _ _ _ _ sind;

* *die Greenkeeper,*
die in deiner Nähe arbeiten,

_ _ _ _ _

getroffen werden können!

Arbeitsblatt 25
Olympisch gut drauf mit der Golfetikette!

Gefahr!

Wenn Gefahr durch

B _ _ _ _ _ _ _ droht,

rufe laut

F_ _ _!

Spieler,
die in Gefahr sind,
wenden sich ab
und
halten die Hände schützend
vor das Gesicht.

Arbeitsblatt 26
Olympisch gut drauf mit der Golfetikette!

Arbeitsblatt 27
Olympisch gut drauf mit der Golfetikette!

Nicht behindern!

Auf dem Grün sei besonders vorsichtig.

* P_ _ _ _ _ _ _ _ _ nicht betreten!!!

* Wirf keinen S_ _ _ _ _ _ _ auf die Puttlinie!

Arbeitsblatt 28
Olympisch gut drauf mit der Golfetikette!

Nicht auf dem Grün schreiben!

Nicht auf dem Grün verweilen und eventuell die Anzahl der Schläge der gesamten Spielbahn nochmals nachzählen wollen!

Andere F_ _ _ _ _ _ warten bereits!

Verständigt euch am besten

* u_ _ _ _ _ _ _ _ zum

nächsten Abschlag

und erledigt

die „Schreibarbeiten"

* _ _ nächsten Abschlag.

Arbeitsblatt 29
Olympisch gut drauf mit der Golfetikette!

SPIELTEMPO!

Für ein zügiges Spieltempo!

Wir spielen zügig und bummeln nicht!

Wir halten A _ _ _ _ _ _ _ _ !

Sonst kann es vorkommen, dass

die N_ _ _ _

einbricht
bevor
ihr
am
18.
Loch
seid.

Arbeitsblatt 30
Olympisch gut drauf mit der Golfetikette!

Vorbereitet sein!

Sei stets auf deinen _ _ _ _ _ _ vorbereitet!

Das heißt:

du verfolgst aufmerksam das Spiel und bist

j_ _ _ _ _ _ _ _   b_ _ _ _ _

zu spielen, wenn du an der Reihe bist.

Arbeitsblatt 31
Olympisch gut drauf mit der Golfetikette!

Bag abstellen!

Wenn du das Grün erreicht hast, achte auf das Schild

„N_ _ _ T_ _".

Stelle dein Bag dort ab.

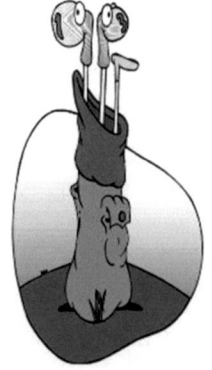

Nimm die Schläger mit, die du brauchst.
Neben
dem Putter
oft auch
ein Eisen
für Chipping.

So „spart" man _ _ _ _!

Arbeitsblatt 32
Olympisch gut drauf mit der Golfetikette!

Arbeitsblatt 33
Olympisch gut drauf mit der Golfetikette!

Ball suchen!

Falls du deinen oder den Ball eines

Mitspielers

suchst,

gib dem nachfolgenden _ _ _ _ _ _

ein Z _ _ _ _ _ _

und lasse ü _ _ _ _ _ _ _ _ .

Spiele erst weiter, wenn dieser außer Reichweite ist.

Arbeitsblatt 34
Olympisch gut drauf mit der Golfetikette!

VORRECHT

Spieltempo entscheidend!

Sofern nicht von der Spielleitung anders

festgelegt, wird das Vorrecht
auf dem Platz

durch das _ _ _ _ _ _ _ _ _ _

einer Gruppe

bestimmt.

Arbeitsblatt 35
Olympisch gut drauf mit der Golfetikette!

SCHONUNG des PLATZES!

Bunker harken!

Im Bunker musst du unbedingt

deine _ _ _ _ _ _ sorgfältig einebnen.

Benutze die _ _ _ _ _.

Sollte diese mal nicht da sein, tue es

vorsichtig mit deinen Schuhen.

Arbeitsblatt 36
Olympisch gut drauf mit der Golfetikette!

Divots einsetzen!

Herausgeschlagene Divots sind

G _ _ _ _ _ _ _ _ _ ,

die sofort wieder _ _ _ _ _ _ _ _ _ _ _

und

festzutreten sind.

Sie wachsen wieder an.

Arbeitsblatt 37
Olympisch gut drauf mit der Golfetikette!

Einschlaglöcher beseitigen!

Die Einschlaglöcher des Balls
auf dem _ _ _ _,

egal, ob von dir verursacht oder nicht,
werden mit einer

P_ _ _ _ _ _ _ _

beseitigt.

**Arbeitsblatt 38
Olympisch gut drauf mit der Golfetikette!**

Achtung bei Übungsschwüngen!

Vermeide bei Übungsschwüngen die B_ _ _ _ _ _ _ _ _ _ _ des Platzes auf dem Fairway.

Direkt auf dem Abschlag werden _ _ _ _ _ Übungsschwünge gemacht!

Gehe dazu an den Rand des Abschlags.

Arbeitsblatt 39
Olympisch gut drauf mit der Golfetikette!

Vorsicht mit dem Flaggenstock!

Achte beim B_ _ _ _ _ _ _ des Flaggenstocks darauf, dass *weder*

* das _ _ _ _

noch

* das _ _ _ _

Schaden nehmen.

Gehe nie zu dicht an die L_ _ _ _ _ _ _ heran!

Arbeitsblatt 40
Olympisch gut drauf mit der Golfetikette!

STRAFEN für VERSTOß

Disziplinarische Maßnahmen möglich!

Fortgesetzte V _ _ _ _ _ _ _ gegen die Etikette werden nicht hingenommen.

Die Spielleitung kann festlegen:

* _ _ _ _ _ _ _ _ _ _ auf dem Platz für eine best. Zeit

* _ _ _ _ _ _ für eine Anzahl von Wettspielen

*D _ _ _ _ _ _ _ _ _ _ _ _ _ _ nach Regel 33-7

Weeeer spurt hier nicht?!

*Okay, okay, keine Gewalt beim Golfen!
Wir befolgen ja schon
die Golf-Etikette
und haben so
mehr Fun!
Ätsch!*

II.

LÖSUNGSBLÄTTER

Lösungsblatt 01
Die Olympischen Spiele im Zeitraffer

Die Olympischen Spiele der Neuzeit

XXIV. Olympische Winterspiele in **Peking** im Jahr **2022**
I. Olympische Winterspiele in **Chamonix** im Jahr **1924**

XXXII. Olympische Sommerspiele in **Tokio** im Jahr **2020**
I. Olympische Spiele in **Athen** im Jahr **1896**

Versuche zur Wiederbelebung der Olympien

„Zappian Games" von **1859** bis **1889**
„Wenlock Olympian Games" von **1850** bis heute.
„Olympiades de la République" von **1796** bis **1798**
„Drehberg-Festspiele" von **1776** bis **1799**
„Olimpick Games upon Cotswold-Hills" von **1612** bis ca. **1850**

Die Olympischen Spiele der Antike im griechischen Olympia

Verbot der Spiele in Olympia durch den römischen Kaiser **Theodosius I.** im Jahr **394** n. Chr.

Die letzten, die 287. Olympischen Spiele, im Jahr **393** n. Chr.

Die 1. Olympischen Spiele im Jahr **776 v. Chr.**

Lösungsblatt 02
Olympismus antik und neuzeitlich

1. Der Gleichklang
A) Gleichklang im Grundsätzlichen:
Die Olympische Idee der Antike fußt auf der Kalokagathia.
Die *Kalokagathia* beinhaltet das griechische Erziehungsideal – die Einheit vom Guten und Schönen. Die griechische Gymnastik hatte einen hohen Stellenwert erlangt und war ein wichtiges Mittel der körperlichen Ertüchtigung sowie der Erziehung harmonisch vollendeter Menschen. Der freie Bürger sollte körperlich wohlgeformt und charakterlich-moralisch sauber sein. Die Gymnastik (das sportliche Training) und die Agonostik (die Wettkampftätigkeit) waren auf dieses Ziel ausgerichtet. Es gehörte zu den Grundsätzen jener Zeit, Körper und Geist zu Ehren der Götter zu formen.
Die Olympische Idee der Neuzeit fußt auf Coubertins Ideen.
Der Olympismus ist eine Lebensphilosophie, die in ausgewogener Ganzheit die Eigenschaften von Körper, Wille und Geist miteinander vereint und überhöht. Durch die Verbindung des Sports mit Kultur und Bildung zielt der Olympismus darauf ab, eine Lebensart zu schaffen, die auf der Freude an Leistung, auf dem erzieherischen Wert des guten Beispiels sowie auf der Achtung universell gültiger fundamentaler ethischer Prinzipien aufbaut.

B) Gleichklang auch in der Organisation (bei versch. Inhalten):
> feierliche Eröffnungs- und Abschlussveranstaltung
> feierliche Siegerehrungen (nur für Platz 1 in der Antike)
> Eid der Athleten und Kampfrichter (in der Antike: mehr ein Schwur; in der Neuzeit: mehr ein Versprechen)
> 4-Jahreszyklus der Olympischen Spiele
> Verhältnis zum Profisport: erst strikt dagegen, später dafür: in der Antike ab ca. 400 bis ca.150 v. Chr. sowie 27 v. Chr. bis 393 n. Chr.; in der Neuzeit ab 1988 Zulassung von Profis.

Lösungsblatt 03
Olympismus antik und neuzeitlich

2. Der Unterschied

	Olympische Spiele der Antike	Olympische Spiele der Neuzeit
Territoriale Ausdehnung national oder international	griechisch national	international
Weltanschauliche Orientierung	religiöses Fest	demokratisch, offen
Austragungsort	Olympia	„Wanderspiele", wechselnde Orte
Athleten	nur griech. Männer aus wohlhabenden Familien	Männer u. Frauen (ab 1900)
Ergebnisermittlung	keine exakte Feststellung von Wettkampfergebnissen	genaue Feststellung nach Weite, Höhe, Punkten usw.
Siegerehrung	nur der Sieger wurde geehrt und verehrt, die anderen galten als Verlierer	Urkunden und Medaillen für die Plätze 1-3, Einzel und Team
Einhaltung der Regeln	die Nichteinhaltung wurde sehr hart bestraft, zum Teil durch Züchtigung	Regelwerk der Sportverbände sieht moderate „Strafen" vor
Eintritt	nur für Griechen; kostenlos, jedoch hohe finanzielle Belastung durch Anreise, Unterkunft usw.	weltoffen, Besuch nicht unbedingt abhängig vom Wohlstand

Lösungsblatt 04
Golf in Aktion: Ein „Olympischer Golf-Pentathlon"

Zur Aufgabe 1:

Das Pentathlon, der Fünfkampf,
wurde erstmals 708 v. Chr. bei den 18. Olympischen Spielen ausgetragen. Die Griechen liebten diesen Wettbewerb und verehrten die Athleten, die aufgrund ihres vielseitigen Trainings wohlgeformte Körper hatten.

Wichtig: Die Weiten wurden nicht gemessen. Zunächst wurde die Weite des ersten Athleten markiert (z.B. mit einem Pflock). Die folgenden Athleten versuchten dann, diese Weite zu übertreffen. Nur in diesem Falle wurde die Markierung entsprechend verändert. Man ermittelte also nur den Sieger.

Die 5 Disziplinen waren:
1. Diskos, der Diskuswurf
Das antike Gerät wurde wahrscheinlich nur mit einer ¼ oder ½ Drehung geworfen (heute 1 ½ Drehungen). Aufgrund der schweren Wurfgeräte (2-5 kg) kam man auf geschätzte 30 m.

2. Der Weitsprung
Aus dem Stand sprang man in aufgelockerte Erde hinein.

3. Akontion, der antike Speerwurf
Hierbei ging es richtig um Weite.

4. Der Stadionlauf
War bis zu den 14. Olympischen Spielen der Antike die einzige Sportart: Ein Kurzstreckenlauf über die Länge eines Stadions, hier als Längenmaß von ca. 192 m.

5. Pale, der Ringkampf
Eine harte Sache: Mann gegen Mann.

Lösungsblatt 05
Auf den Spuren des Baron Pierre de Coubertin

Mögliche Antworten auf die 7 Fragen:

1. Es waren sportpädagogische Reformen. Diese sahen vor, den Sport zum festen Bestandteil der Erziehung der jungen Engländer zu machen.

2. Die Bildungsreisen inspirierten Coubertin, sich für notwendige Erziehungsreformen im republikanischen Frankreich einzusetzen. Die angelsächsische Sporterziehung faszinierte ihn. Coubertin wollte auch in Frankreich den Sport zum integralen Bestandteil der Erziehung der Jugend machen, die seiner Meinung nach dringend neue Impulse nach dem verlorenen Krieg von 1870/71 benötigte.

3. Die deutschen Ausgrabungen regten Coubertin an, sich tiefer mit der Antike zu beschäftigen und den antiken Olympischen Geist auf die Gegenwart zu übertragen.

4. Coubertin verfolgte zwei grundlegende Ziele:
- den Sport in Frankreich voranzubringen;
- Völkerverständigung zu praktizieren und dem Weltfrieden zu dienen durch regelmäßige sportliche Treffen der „Jugend der Welt".

5. In seiner Rede sagte er: *„Lassen Sie uns Ruderer, Läufer, Fechter ins Ausland senden; das ist das wahre Freihandelssystem der Zukunft, und an dem Tag, an dem es in die Sitten des alten Europa eingedrungen sein wird, wird der Sache des Friedens eine neue und mächtige Stütze erwachsen sein."*

6. Zwei fundamentale Beschlüsse wurden im Juni 1894 auf dem Internationalen Kongress in Paris gefasst:
- die Gründung des IOC;
- die Vergabe der 1. Olympischen Spiele 1896 nach Athen.

7. Das Amt des IOC-Präsidenten.
Danach Ehrenpräsident der Olympischen Spiele auf Lebenszeit.

Lösungsblatt 06
Die Olympische Idee
Unter der Olympischen Idee versteht man 5 Visionen/Ideen:

1. Die Vision von einer harmonischen Ausbildung des ganzen Menschen

Nach Coubertin soll sich die menschliche Entwicklung vollziehen in der Einheit von Körper, Wille und Geist, Kultur und Kunst.

2. Die Idee von der menschlichen Vervollkommnung

Vollkommenheit bedeutet nach Coubertin nicht nur das Streben danach, Bester zu sein, sondern vielmehr das Beste aus seinen individuellen Möglichkeiten zu machen, Freude an der Leistung zu haben und gerne dazu zu lernen.

3. Die Vorstellung der freiwilligen Bindung im sportlichen Handeln

Hierbei geht es um zwei Prinzipien im Sport: Prinzip der Freiwilligkeit und Prinzip der Fairness.

4. Der Friedensgedanke und die Völkerverständigung

Für Coubertin war der Sport ein Mittel, um beizutragen zur Erhaltung des Friedens und Vertiefung der Völkerfreundschaft. Hierin steckt die Idee des olympischen Internationalismus. Die „Jugend der Welt" solle die Gelegenheit erhalten, sich regelmäßig zu treffen, sich friedlich zu begegnen, sich kennenzulernen, gegenseitige Vorurteile und Misstrauen abzubauen und Achtung und Respekt voreinander zu entwickeln.

5. Die Vision von der Gleichberechtigung

Mit seiner Forderung „All Games, all Nations" (alle Sportarten, alle Nationen) hatte Coubertin im „Visier": Die Gleichberechtigung der Nationen, Sportarten, Weltanschauungen, Rassen, Kulturen und Geschlechter.

Lösungsblatt 07
Sich "olympisch" zu verhalten, heißt für mich:

1. ... dauerhaft zu lernen, zu üben, zu trainieren!
Denn: Der olympische Sport ist mehr als nur Sieg oder Erfolg. Es geht vor allem um Harmonie, Gesundheit und Charakterformung durch den Sport. Und das ist nur möglich, wenn man Sport möglichst ein Leben lang ausübt. Ich nehme mir das unbedingt vor.

2. ... leistungsbereit zu sein, Leistung zu zeigen!
Denn: Der olympische Sport schließt das „Streben nach menschlicher Vollendung" ein. Gemeint ist das Bemühen um sportliche Leistung. Davon ausgehend, setze ich mir sportliche Ziele, übe beharrlich, bin ich willens an Wettkämpfen teilzunehmen, zeige ich Leistungsbereitschaft und Leistung und strebe ein individuelles gutes Resultat an, das meinen Fähigkeiten und meinem Trainingszustand entspricht.

3. ... fair zu sein!
Denn: Wie sagte doch Coubertin: „Das Wichtige am Leben ist nicht der Triumph, sondern der Kampf. Wesentlich ist nicht gesiegt, sondern ritterlich gut gekämpft zu haben." Damit ist eigentlich alles gesagt. In diesem Sinne werde ich künftig die Golfetikette und die Golfregeln noch konsequenter zur Grundlage meines Spiels machen.

4. ...für Friedlichkeit und Gleichberechtigung einzutreten!
Denn: Frieden, Völkerverständigung und Gleichberechtigung waren von Anbeginn die wichtigsten Zielstellungen der Olympischen Bewegung. Daher glaube ich, dass wir Golfer dann olympisch handeln, wenn wir einerseits Friedfertigkeit und Gleichberechtigung selber praktizieren und andererseits gegen Gewalt und Diskriminierung eintreten.

5. ... mehr Olympisches Wissen anzueignen!
Denn: Muskeltraining allein reicht nicht. Es geht um die Harmonie! Und Wissen gehört unbedingt dazu. So werde ich also einen Teil meiner Freizeit nutzen, um mich ausgiebiger zu informieren, z.B. über die Geschichte Olympias, aber auch über Probleme des olympischen Sports heute, Landeskundliches entsprechend der Austragungsorte, sportliche Ernährungs- und Lebensweise usw.

Lösungsblatt 08
Höhepunkte der Olympischen Spiele
Die Eröffnungsfeier der Olympischen Spiele:
1. Hissen der Flagge und Abspielen der Nationalhymne des Gastgeberlandes.
2. Künstlerische Darbietungen, die die Kultur des Gastgeberlandes repräsentieren.
3. Einmarsch der teilnehmenden Athleten ins Stadion, jeweils ein Athlet trägt die Flagge seines Landes.
4. Kurze Rede des Vorsitzenden des Organisationskomitees.
5. Ansprache des IOC-Präsidenten.
6. Das Staatsoberhaupt des Gastgeberlandes eröffnet die Spiele.
7. Abspielen der Olympischen Hymne während die Olympische Flagge ins Stadion getragen wird.
8. Alle Flaggenträger der Länder versammeln sich um ein Podium. Ein Athlet und ein Schiedsrichter sprechen den Eid.
9. Abschluss des Fackellaufs mit Entzünden des Olymp. Feuers.
10. Ausmarsch.

Die Schlussfeier der Olympischen Spiele:
1. Einmarsch der Athleten ins Stadion, jedoch nicht nach Ländern geordnet, sondern bunt gemischt.
2. Es werden Ehrungen für Helfer/Organisatoren vorgenommen.
3. Der Chef des OK-Komitees hält eine kurze Ansprache.
4. Der IOC-Präsident ergreift das Wort für seine Abschlussrede, in der er die Spiele für beendet erklärt und gleichzeitig „die Jugend der Welt" aufruft, sich in vier Jahren erneut zu treffen.
5. Der Bürgermeister der aktuellen Olympiastadt übergibt die Olympische Flagge an den IOC-Präsidenten.
6. Der IOC-Präsident gibt diese weiter an den Bürgermeister der nächsten Olympiastadt.
7. Der künftige Gastgeber präsentiert sich mit einer kurzen kulturellen Darbietung.
8. Olympische Hymne wird gespielt, Olympisches Feuer gelöscht.
9. Ausmarsch der Sportler in lockerer und fröhlicher Form.

Lösungsblatt 09
Olympische Symbolik (1)

A) Olympische Ringe. Zur Aufgabe 1:
1. Wie ordnet das IOC die Olympischen Ringe ein?
Sie sind das Symbol der Olympischen Bewegung und offizielles Emblem des IOC. Zusammen auf weißem Grund bilden die fünf ineinander verschlungenen Ringe die Olympische Flagge.

2. Worin bestand Coubertins ursprüngliche Idee?
Die Nationalflaggen der Staaten der Welt sollten sich aus weißer Grundfarbe und 5 weiteren Farben zusammenstellen lassen.

3. Was symbolisieren die Ringe heute?
Heute symbolisieren die Ringe die Einheit der fünf Kontinente und das Treffen der Athleten aus aller Welt bei den Olymp. Spielen.

4. Male die Ringe in den 5 Farben aus:
von links nach rechts: blau, gelb, schwarz, grün, rot auf weißem Untergrund, d.h. vom Fahnenmast ausgehend.

B) Olympische Hymne. Zur Aufgabe 2:
Hymnen sind im Allgemeinen Loblieder. Trifft das auch auf diese Hymne zu? **Ja,** die Olympische Hymne ist ein Loblied in doppelter Hinsicht.

Zum einen wird der uralte unsterbliche Geist, der wahre Vater, gepriesen. Damit ist sicherlich der Göttervater Zeus gemeint. Vor allem ihm waren die antiken Spiele gewidmet. Er solle vom Olymp herabsteigen und erstrahlen.

Zum anderen ist sie ein Loblied auf das antike Olympia, seine Werte und Tugenden mit dem Ideal des stählernen und anmutigen Körpers. Die Olympioniken sollen in edlen Kämpfen wetteiferten, um die Anerkennung des Volkes (die Pilger) zu erlangen und nicht zuletzt, um dem „unsterblichen Geist" zu huldigen. Mit dem „nie verwelkenden Zweig" meint der Texter den antiken Siegerkranz von den Zweigen des heiligen Ölbaums. Im ganzen Sinne ist die Hymne eine Rückbesinnung an den ursprünglichen olympischen Gedanken.

Lösungsblatt 10 und 11
Olympische Symbolik (2 und 3)

C) Olympisches Feuer, Fackellauf. Zur Aufgabe 3:
Das Olympische Feuer wird im griechischen **Olympia** einige Monate vor der Eröffnung der Olympischen Spiele von Schauspielern in Gestalt von Priesterinnen vor den Ruinen des **Heratempels** entzündet.

Choreografie und Kostüme sind der **Antike** nachempfunden.
Das Feuer wird mittels Parabolspiegels durch Bündelung des Sonnenlichts entfacht.
Danach wird es in einem Tongefäß in das alte Stadion getragen.
Dort wird die Flamme durch die „Hohepriesterin" dem ersten Läufer **per Fackel** übergeben.
Erste Station ist das Panathinaikon-Stadion in **Athen**, in dem die 1. Olympischen Spiele der Neuzeit im Jahre **1896** stattfanden.

Bis 2008:
Der weitere Verlauf wird durch das NOK der jeweiligen Olympischen Spiele organisiert. Die Fackel wird normalerweise von **Staffelläufern** zu Fuß getragen, über längere Distanzen ist aber eine Beförderung mit anderen Transportmitteln wie Pferd, Auto, Fahrrad, Flugzeug oder Schiff möglich. Um einen sicheren Transport zu gewährleisten, kann die Flamme in einer Grubenlampe geschützt werden.

Zum Arbeitsblatt 11 keine speziellen Lösungen.

Lösungsblatt 12
„Olympism in Action"

Hier die Übersetzungen und mögliche Schlussfolgerungen:

The motto: „To build a better world through sport"
Das Motto: *„Eine bessere Welt durch Sport schaffen"*

The content: *(Der Inhalt)*

Olympic Values: *(Olympische Werte)*
1. Excellence *(Leistungsbereitschaft, Bestleistung, hervorr. Leistung)*
   Das bedeutet für mich: persönliche Ziele stellen und erreichen wollen; das persönlich Beste geben; es geht nicht nur um das Gewinnen, sondern auch um die Teilnahme.
2. Respect *(Respekt)*
   Das bedeutet für mich: Sich selbst und andere respektieren; Regeln/Vorschriften einhalten; Umwelt respektvoll behandeln. Also: Fairplay sowie Bekämpfung von Doping, Betrug usw.
3. Friendship *(Freundschaft)*
   Das bedeutet für mich: Einzutreten für Solidarität, Teamgeist, Toleranz und Freundschaft zwischen den Menschen und Völkern aus aller Welt.

Fields of Activities: *(Aktivitätsfelder/-bereiche)*
1. Development through sport: Putting human beings first
   (harmonische) Entwicklung durch Sport: die Menschen stehen im Mittelpunkt
2. At grassroots level: Sport belongs to everyone
   An der Basis / Breitensport: Der Sport gehört allen
3. Education through sport: Developing body, will and mind
   Erziehung durch Sport: Körper, Wille und Geist entwickeln
4. Peace through sport: Forging friendships among athletes
   Frieden durch Sport: Freundschaften zw. den Athleten schmieden
5. Environment: Preserving precious resources
   Umwelt: Bewahrung /Schutz der kostbaren Ressourcen
6. Women and sport: Promoting women's participation
   Frauen und Sport: Förderung der Beteiligung der Frauen

Lösungsblatt 13
Fair geht vor: 1. Grundsätzliches

Zur Aufgabe 2:

1. Fair Play ist eine moralische Grundhaltung, sie bedarf der ...

- **Friedfertigkeit,**
- **Mitmenschlichkeit,**
- **Ehrlichkeit,**
- **Gerechtigkeit,**
- **Toleranz,**
- **Solidarität und**
- **Selbstdisziplin.**

2. Fair Play bedeutet Verantwortung gegenüber dem **Gegner** als dem sportlichen **Partner** und schließt in diesem Sinne den Respekt vor des Partners **körperlicher** und **seelischer** Unversehrtheit ein, also Respekt vor dessen **Menschenwürde**!

3. Fair Play bedeutet auch:

Position zu beziehen gegen Missachtung der Olympischen Werte, wie ...
- **Doping,**
- **Betrug,**
- **Rassismus,**
- **Beschimpfungen,**
- **Beleidigungen.**

Lösungsblatt 14
Fair geht vor: 2. Golf und Fair Play

Zur Aufgabe 1:
Der „Spirit of the Game" besteht aus diesen 4 Säulen:
1. **im ehrlichen Spiel nach geltenden Regeln,**
2. **in der Rücksichtnahme auf andere Spieler,**
3. **im disziplinierten Verhalten,**
4. **im höflichen Auftreten.**

Die 4 Stichworte sind:
1. H = wie **Höflichkeit!**
2. E = wie **Ehrlichkeit!**
3. R = wie **Rücksichtnahme!**
4. D = wie **Disziplin!**

Zur Aufgabe 2: Individuelle Lösungen!
Abschließend hierzu: Denk auch über diese Tipps mal nach!

- Versuche dich in den anderen Mitspieler hineinzudenken und dann zu handeln.

- Halte der Versuchung stand, mit unlauteren Mitteln gewinnen zu wollen. Mache ehrlich dein Spiel. Wenn du fair bleibst, hast du auf einer anderen Art gewonnen: du hast über dich selbst gesiegt. Dieser Sieg ist viel bedeutsamer.

- Hilfreich ist das Vorbild. Suche dir sportliche Vorbilder, deren faires Verhalten du gutheißt und mache es so wie diese auch.

- Zeige, dass du mutig bist, denn zum Fair play gehört auch Mut. Dein Mut verdient Dank und Anerkennung. Zolle auch anderen Respekt, die mutig auftreten und sich wahrhaft olympisch verhalten.

Lösungsblatt 15
Fair geht vor: 3. Golf in Action

Fair Play kann man lernen / trainieren! Wie folgt:

Vorschlag für die auszuwählenden Fair-Play-Schwerpunkte!

Action 1:
Auf der Driving Range
Fair Play-Schwerpunkt:
- ❖ **Sicherheit und Rücksichtnahme beim Üben**

Action 2:
Learning by doing: Etikette/Regelkunde in Aktion, auf 1 bis 3 Bahnen
Fair Play-Schwerpunkt:
- ❖ **Ehrlichkeit und Korrektheit Demos und Fallstudien auf dem Golfplatz**

Action 3:
Texas Scramble, Kurzplatz, 6 bis 9 Löcher spielen
Fair Play-Schwerpunkt:
- ❖ **Teamgeist und Leistungsbereitschaft**

Action 4:
Einzel-Zählspiel, 3 bis 4 Löcher spielen
Fair Play-Schwerpunkt:
- ❖ **Kooperatives Verhalten im Flight**

Final-Action:
Wettspiel über 9 Loch auf dem Masterplatz.
Fair Play-Schwerpunkt:
- ❖ **Leistung macht Spaß, Leistung zeigen, trotz, nein gerade wegen Fair Play**

Lösungsblatt 16
Citius – Altius – Fortius

Wenn es um Leistungen im Sport geht, wird das Olympische Motto „citius-altius-fortius" (**schneller** – **höher** – **stärker**) ins Feld geführt. Dieser Leitgedanke wird unterschiedlich ausgelegt.
Zum einen: Im Hochleistungssport wird leider zum Teil mit unehrlichen Mitteln gekämpft, weil man eben schneller, höher, stärker als alle anderen sein will, um über den Sieg an das große Geld zu kommen.
Zum anderen: Die Verfechter der Olympischen Ideale erinnern an **Pierre de Coubertin**, den Begründer der Olympischen Spiele der Neuzeit, der den Sportlern sinngemäß mit auf dem Weg gab: *Nicht der **Sieg** ist das Wichtigste, sondern ritterlich gut gekämpft, sich dabei verbessert und mit Freude hinzugelernt zu haben.* Dieser olympische Anspruch gilt auch heute noch.

Wichtige Erkenntnis daraus:
Die olympische Leistungserwartung hat demnach eine individuelle Dimension, ist also eine Aufforderung zur **individuellen** Leistungsbereitschaft.

Generelle Schlussfolgerungen: Olympisch handelt also derjenige,
- ❖ der aus seinen Möglichkeiten **sein persönlich Bestes** gibt, um etwas besser zu können als zuvor,
- ❖ der um die Erreichung seiner **individuellen** Leistungsziele kämpft,
- ❖ der auf dem Wege dazu, auch **Freude** empfindet.

Das trifft für alle Ebenen des Sports zu: für den Leistungssport wie für den Breitensport. In diesem Sinne begreifen wir auch die Devise der Deutschen Olympischen Gesellschaft (DOG):
„Leistung **macht Spaß**".
Der Sieg ist zwar der höchste Ausdruck sportlicher Leistungsfähigkeit, aber er ist eben nicht alles.

Lösungsblatt 17
Die olympischen Golfturniere 1900 und 1904
Hier die ausgefüllte Tabelle:

	1900 Paris	1904 St. Louis
TEILNAHME		
Nationen	4	2
Männer	12	75
Frauen	10	---
GOLFANLAGE	**9 Loch-Anlage**	**18 Loch-Anlage**
MODUS		
Damen	Einzelzählspiel 9 Löcher	Kein Turnier
Männer	Einzelzählspiel 36 Löcher	*Einzel:* Qualifikation: Zählspiel, 1 R. Finale: Match-Play, 4 Runden *Mannschaft:* Zählspiel 36 Lö.
ERGEBNISSE Damen	1. Abbott, M. 2. Whittier, P. 3. Pratt, D. *alle USA*	Kein Turnier
Männer	1. Sands, Ch., USA 2. Rutherford, W. 3. Robertson, D. beide GB	*Einzel:* 1. Lyon, G., KAN 2. Egan, Ch. 3. McKinnie, B. beide USA *Mannschaft:* 1.- 3. USA-Teams

Lösungsblatt 18
Das olympische Golfturnier 2016

Zur Aufgabe 1: Lückentext ausfüllen

❖ *Der Zeitpunkt:*
Die Olympischen Sommerspiele wurden vom **5.** bis **21.** August 2016 in **Rio de Janeiro** im südamerikanischen Land **Brasilien** ausgetragen. Das Golfturnier fand an insgesamt **8** Tagen statt.
❖ *Der Spielmodus:*
Ein **Einzel-Zählspiel** über **72** Löcher an jeweils vier Tagen für **Herren** und **Damen.**
❖ *Teilnehmer:*
Am Start waren **60** Herren aus **34** Ländern sowie **60** Damen aus **35** Ländern. Deutschland war mit **je 2** Damen und Herren vertreten.

❖ *Zu den Ergebnissen*
Männer:
Gold: **Justin Rose,** England, 268 Schläge (Total -16)
Silber: **Henrik Stenson,** Schweden, 270 Schläge (-14)
Bronze: **Matt Kuchar,** USA, 271 Schläge (-13)
Damen:
Gold: Inbee Park, **Südkorea,** 268 Schläge (Total -16)
Silber: Lydia Ko, **Neuseeland,** 273 Schläge (-11)
Bronze: Shanshan Feng, **China,** 274 Schläge (-10)

Die Platzierungen der deutsche Golfsportler:
* Herren: **Martin Kaymer** (Platz 15) * **Alexander Cejka** (21)
* Damen: **Sandra Gal** (25)   * **Caroline Masson** (21)

Zur Aufgabe 2:
Organisiert euer „eigenes Olympia-Turnier".
Mehrere Varianten möglich in Abhängigkeit von Zeit und Bedingungen der einzelnen Schulen oder Golfgruppen.

Lösungsblatt 19
Golf-Olympisches 2020

1. Die japanische Hauptstadt ist Ausrichter der Olympischen Spiele 2020. Die wievielten Sommerspiele sind es? Sind es die ...
A) XXX. Spiele   B) XXXI.   **C) XXXII.**   D) XXXIII. Spiele

2. Tokio war bereits schon einmal Gastgeber der Olympischen Spiele. Wann war das?
A) 1960   **B) 1964**   C) 1968   D) 1972

3. Das Olympische Golfturnier 2020 ist das wievielte in der Geschichte der Olympischen Spiele?
A) das vierte   B) das fünfte   C) das sechste   D) das siebente

4. Der Golf Club, der das Turnier ausrichtet, heißt:
A) Kazusa Monarch Country Club
B) Kasumigaseki Country Club
C) Sakawa Royal Golf Club
D) Tokyo Golf Club

5. Japaner sind leidenschaftliche Golfer. Wieviel Golfplätze gibt es etwa in Japan.
A) 1000   B) 1500   C) 2000   **D) 2500**

6. In Tokio gibt es rund 500 Driving Ranges. Diese sind besonders bekannt für ...
A) Abschlagsflächen auf Naturrasen
B) grünfarbige Tee Lines aus langlebigem Kunstrasen
C) farbige Target Greens aus Synthetikrasen
D) 2-3 stockwerkhohe Abschlagsplätze mit Flutlicht.

Lösungsblätter 20 - 22

Die **Arbeitsblätter 20 bis 22** beinhalten informative Lesetexte. Sie geben dir einen ersten Überblick zum genannten Thema. Vor allem aber sollen sie dich anregen, weitere Quellen zu nutzen, um dein Wissen zu erweitern. Gut wäre es, wenn du eine Diskussion in deiner Golfgruppe dazu initiieren könntest. Dein unterrichtender Lehrer oder Trainer wird dich bestimmt dabei unterstützen.

Lösungsblätter 23 - 40

Die Arbeitsblätter 23 bis 40 thematisieren Fair Play und Golfetikette in Form von grafischen Darstellungen mit Fill-in-Texten.

Und hier der Lösungsschlüssel:

Loch	Fehlende Wörter in der Reihenfolge des Textes
1.	Schläger; Materialien
2.	Reichweite; nicht
3.	Ballflug; Fore!
4.	schlagen; Gespräche; Bewegungen; Handys
5.	Puttlinien; Schatten
6.	Flights; unterwegs; am
7.	Anschluss; Nacht
8.	Schlag; jederzeit; bereit
9.	Next Tee; Zeit
10.	verloren; Aus; provisorischen
11.	Flight; Zeichen; überholen
12.	Spieltempo
13.	Spuren; Harke
14.	Grasnarben; einzusetzen
15.	Grün; Pitchgabel
16.	Beschädigung; keine
17.	Bedienen; Grün; Loch; Lochkante
18.	Verstöße; Spielverbot; Sperre; Disqualifikation

III. LITERATURHINWEISE
Für die gesamte Reihe verwendete und weiterführende Literatur.

*Altenberger, Helmut / Haag, Herbert / Holzweg, Martin (Hg.): Olympische Idee, Bewegung, Spiele. Schorndorf: Hofmann 2008.
*Bach, Thomas: Einheit in Vielfalt: Respekt, Verantwortung, Verlässlichkeit. In: Alpheios 9 (2009/2010).
*Borgers, Walter / Quanz, Dietrich R.: Olympische Lauffeuer. Hg.
*Carl u. Liselott Diem-Archiv, DSHS. Kassel: Agon-Verlag 1994.
*Buschmann, Jürgen / Lennartz, Karl / Wassong, Stephan (Hg.): Spiel-Spiele-Olympische Spiele. Aachen: Meyer & Meyer 2004.
*Budinger, Hugo / Adamowicz, Frank: Planung, Wettspieltraining und Wettspiele. DGV-Lehrbrief 10. Köln: Köllen Verlag 2010.
*Budinger, Hugo / Koch, Horst: Kinder- und Jugendtraining.
*DGV-Lehrbrief 7. Köln: Köllen Verlag 2010.
*Coubertin, Pierre de: Der Olympische Gedanke. Reden und Aufsätze. Hg. vom Carl-Diem-Institut an der DSHS Köln. Schorndorf: Hofmann 1967.
*Coubertin, Pierre de: Olympische Erinnerungen. Neuausgabe der „Mémoires Olympiques" von 1931. Berlin: Sportverlag 1987.
*Das Olympische Museum: Die Ringe/Das Motto/Das Feuer/Die Identitätsmerkmale/ Olympische Werte und Symbole. Köln 2007.
*Daume, Willi: Die Olympischen Spiele. Idee und Wirklichkeit. In: Meyers Enzyklopädisches Lexikon, Bd. 17. Mannheim 1976.
*Deutscher Golf Verband: Programm 2018 – kompakt. Gemeinsam für die Zukunft des Golfsports.
*Deutscher Golf Verband: Golfstandards für die Jugendförderung. Go for Gold! Wiesbaden 2011.
*Deutscher Golf Verband: Abschlag Schule – Investition in die Zukunft. Antrag 2016.
*Deutscher Golf Verband: Broschüre Abschlag Schule. 2014.
*Deutscher Golf Verband: Das DGV-Sportkonzept 2010.
*Deutscher Golf Verband: Golf im Zeichen der fünf Ringe. In: DGV-Info 5, Wiesbaden 2009.
*Deutscher Golf Verband: DGV-Kindergolfabzeichen. Begleitheft.

*Deutscher Golf Verband: Offizielle Golfregeln 2016. Köllen Druck & Verlag.
*Deutsche Olympische Akademie: Materialien zur Olympischen Erziehung. DOA 2016.
* Deutsche Olympische Akademie: Die Olympischen Werte u. die Zukunft des Sports. Ein Bericht vom 13. Europäischen Fairplay-Kongress. DOA 2008.
*Deutsche Olympische Gesellschaft: Diverse Materialien in Vorbereitung/Durchführung der DOG-Initiativen und Projekte.
*Deutsche Sportjugend (dsj): International - olympisch – fair. Arbeitsmaterialien zur Vermittlung der Olympischen Idee in internationalen Jugendbegegnungen. 2016.
*Die Chronik der Olympischen Spiele: Von der Antike bis zur Gegenwart. Gütersloh / München: Chronik-Verlag 2004.
*Diem, Carl: Der Olympische Gedanke. Reden und Aufsätze. Hg. Carl-Diem-Institut, DSHS Köln. Schorndorf: Hofmann 1967.
*Digel, Helmut (Hg.): Nachdenken über Olympia. Über Sinn und Zukunft der olympischen Spiele. Tübingen: Attempto 2004.
*Digel, Helmut: Olympische Herausforderungen. In: Alpheios 9 (2009/2010).
*Doll-Tepper, Gudrun: Olympische Spiele und die Förderung der sozialen Kohäsion. Vortrag, Peking 2008.
*Doll-Tepper, Gudrun: Faszination Wettkampfsport - Der Olympische Gedanke. Rede 5. Treffp. Sportv. Erlangen, 2009.
*Dressler, Hilmar: Olympischer Realismus - ernüchternd und hoffnungsvoll zugleich. In: Olympisches Feuer, 6/2000.
*Emrich, Eike / Klein, Stephanie: Übungsleiter und Trainer als Werte(ver)mittler. Kassel: Agon-Sportverlag 2008.
*Gebauer, Gunter: Im olympischen Fadenkreuz: Der moderne Sport, das antike Ideal und … In: Olympisches Feuer, 6/2009.
*Gessmann, Rolf: Olympische Erziehung in der Schule: Zentrales und Peripheres. In: Sportunterricht 51 (2002) 1.
*Gessmann, Rolf / Quanz, Dietrich R. / Schulz, Norbert: Der „olympische Geist" bewegt doch … In: Sportunterricht 45 (1996).

*Grupe, Ommo / Mieth, Dietmar (Hg.): Lexikon der Ethik im Sport. Schorndorf: Hofmann 1998.
*Grupe, Ommo: Was ist und was bedeutet Olympische Erziehung? In: Sportunterricht 53 (2004) 2.
*Grupe, Ommo: Manches, was sich olympisch nennt, hat diesen Namen nicht verdient. In: Olympisches Feuer, 2/2004.
*Grupe, Ommo: Das Erbe Coubertins. Wegweiser und Orientierungspunkte ... In: Olympisches Feuer, 3/2006.
*Grupe, Ommo: Das olympische Leitbild prägt nicht nur die Olympischen Spiele. In: Olympisches Feuer, 1/2008.
*Grupe, Ommo: Die Olympische Idee ist eine „Erziehungsidee" – das sollte sie auch bleiben. In: Olympisches Feuer, 4-5/2008.
*Güldenpfennig, Sven: Hat die Olympische Idee eine Zukunft? Ja, wenn... In: Körpererziehung 50 (2000) 3.
*Güldenpfennig, Sven: Olympische Spiele als Weltkulturerbe. Zur Neubegründung der Olympischen Idee. Sankt Augustin: Academia-Verlag 2004.
*Günther, Andreas: Olympische Spiele – gestern und heute. In: Körpererziehung 50 (2000) 3.
*Günther, Rosmarie: Olympia. Kult und Spiele in der Antike. Darmstadt: Primus Verlag 2004.
*Haag, Herbert: Olympische Idee - Olympische Bewegung - Olympische Spiele. Berlin: Logos 2008.
*Hartmann, Andreas: Dabei sein ist nicht alles .... In: Schreiber, W. / Gruner, C. (Hg.): Von den Olympischen Spielen bis zur Potsdamer Konferenz. Neuried 2006.
*Hecker, Gerhard / Koenig, Peter: Pädagogische Aspekte des Golftrainings. DGV-Lehrbrief 3. Köln: Köllen Verlag 2010.
*Hinsching, Jochen: Olympismus und sportpädagogisches Handeln. In: Körpererziehung 50 (2000) 3.
*Höfer, Andreas: Zur Diskussion. Eulen nach Athen: Der Olympische Geist bleibt unsichtbar. In: Alpheios 6/2005.
*Höfer, Andreas: Zurück in die Zukunft? In: Sportunterricht 53 (2004) 5.

*International Olympic Committee: OLYMPIC CHARTER.
In force as from 2 August 2016
*Kirsch, Kerstin: Olympischer Optimismus: Menschenbild und Sportkultur. In: Olympisches Feuer, 6/2009.
*Lämmer, Manfred / Wacker, Christian (Hg.): Olympia. Werte-Wettkampf-Weltereignis. Köln: DS&OM 2008 (Begleitheft).
*Lange, Helmut: Vorschläge für eine olympiabezogene Sportpraxis. In: Lehrhilfen für den Sportunterricht 51 (2002) 1.
*Langenkamp, Heiner / Mund Rainer: Psychologisches Training. DGV-Lehrbrief 8. Köln: Köllen Verlag 2010.
*Lehnertz, Klaus / Koenig, Peter: Techniktraining im Golfsport. DGV-Lehrbrief 6. Köln: Köllen Verlag 2010.
*Lenk, Hans: Über die Doppelmoral von Fairnessbeschwörung und verschärftem Konkurrenzverhalten. In: Ol. Feuer, 4-5/2009.
*Mieth, Dietmar: Die Olympischen Werte ... In: DOA Willi
*Daume (Hg.): Festakt zur Gründung der DOA. Frankfurt 2007.
*Müller, Andreas: Große Worte ersetzen keine hohen Ansprüche. Die Fair-Play-Kultur ist ... In: Olympisches Feuer, 6/2010.
*Müller, Bernd: Fair Play – noch ein zeitgemäßer Wert für den Sportunterricht? In: Körpererziehung 50 (2000) 3.
*Müller, Norbert: Olympismus als Gegenstand schulischer Erziehung. In: Olympisches Feuer, 3/1991.
*Müller, Norbert: Coubertin und die Antike.
In: Nikephoros 10/1997.
*Müller, Norbert: Die olympische Devise „citius, altius, fortius" und ihr Urheber Henri Didon. Uni Mainz 2008.
*Naul, Roland: Olympische Erziehung. Chancen und Aufgaben für den Schulsport. In: Sportunterricht 51 (2002) 9.
*Naul, Roland: Die integrierte olympische Erziehung. Ein Konzept für Schule und Sportverein. In: Stadion, Bd. XXIX, 2003.
*Naul, Roland: Olympische Erziehung. Aachen: Meyer & Meyer 2007.
*Naul, Roland: Der Doppelauftrag der Olympischen Erziehung im Schulsport. In: Alpheios 9 (2009/2010).

*Naul, Roland / Gessmann, Rolf / Wick, Uwe: Olympische Erz. In Schule u.Sportverein. Hg.: DOA. Hofmann: Schorndorf 2008.
*NOK für Deutschland (Hg.): Olympische Erziehung – eine Herausforderung an ... Sankt Augustin: Academia-Verlag 2004.
*Quanz, Dietrich R. und Autorenteam: 100 Jahre Golf. In: Deutschland - DGV-Chronik. Oberhaching 2007.
*Quanz, Dietrich R.: Golf & Olympische Spiele. Vortrag 2. Jugendgolf-Kongress. Paderborn 2009.
*Sass, Ingemarie: Olympische Ideale im Spiegel individueller Wertvorstellungen. In: Körpererziehung 50 (2000) 3.
*Schantz, Otto: Sport und Leibesübungen als Erziehungsmittel bei Pierre de Coubertin. In: Stadion (2001), Bd. XXVII.
*Schöbel, Heinz: Olympia und seine Spiele. Berlin: Sportverlag 2000.
*Schuch, Kuno: Golf & Olympische Spiele von 1950 bis 1991. Köln 2005.
*Schwebel, Walter: Fairness – eine lebenslange Übung. In: Olympisches Feuer, 6/2010.
*Sinn, Ulrich: Das antike Olympia. Götter, Spiel und Kunst. München: Beck 2007.
*Steinbach, Klaus: Olympische Erziehung und Olympischer Sport: Zwei friedliche Schwestern? In: Alpheios 6/2005.
*Tröger, Walther: Das IOC im Wandel: Die Olympischen Werte bleiben. In: Olympisches Feuer, 6/2009.
*Ullrich, Klaus: Coubertin. Leben, Denken und Schaffen eines Humanisten. Berlin: Sportverlag 1982.
*Willimczik, Klaus: Integration und Fairness: Was kann die Schule leisten? In: DOI (Hg.): Friedenserziehung durch Sport. DOI 2003.

BILDERNACHWEIS

Für die gesamte Reihe: Fotos und Grafiken aus dem Archiv des Autors. Bilder/Poster/Abbildungen aus dem Internet, freie Software.

Hier die 25 Publikationen von R. Bierstedt auf einen Blick
(siehe auch unter: www.schul-golf.de):

Aktuell
1. „ABSCHLAG GOLF: JUGEND & OLYMPIA". Handbuch
2. „GOLF-OLYMPISCHES VON A BIS Z" (2. Version)
3. „SCHULSPORT GOLF". Lehrer-Handbuch (Vorank. 2017)

Junior Reihe: Beiträge zur Verbreitung der Olympischen Idee
4. „Olympische Spiele und Golf". Teil 1 (2. Version)
5. „Olympische Idee und Ideale im Golf". Teil 2 (2. Version)
6. „Fair geht vor! Und Spirit of the Game! Teil 3 (2. Version)
7. „Citius – Altius – Fortius". Teil 4 (2. Version)
8. „Golf-Olympisches Workbook". Teil 5 (2. Version)

Außerdem sind erschienen:
Zum Themenfeld GOLF & SCHULE:
9. „Schule + Golf = Schulgolf". Golf im Unterricht
10. „Das 1 x 1 des Caddying". Projekt zur Golf WM
11. „Die kleine Golfregel-Fibel". Über Etikette und Golfregeln
12. „Auf der Runde". Technik und Taktik-Tipps
13. „Grundwissen Golf". Was man über Golf wissen sollte
14. „Golfsprache Englisch". Words/Phrases/Backgrounds
15. „Golf in der Schule". Lehrer-Handreichung
16. „Golfen ist cool!". Schüler-Handbuch
17. CD-ROM: „Golf-Blätter". Über 130 Kopierseiten
18. CD-ROM: „Pädagogisches". Rahmenlehrplan Golf u.a.m.
19. CD-ROM: "Easy English". Golfsprache Englisch
20. DVD: "Caddying". Ein Lehrfilm, Schülerprojekt
21. Bildband: „20 Jahre Schulfach Golf und vieles mehr"
22. CD-ROM: „Wahlpflichtfach Golf". Impressionen

Zum Themenfeld OLYMPIA-GOLF-JUGEND
23. „Abschlag Rio: Jugend trainiert *GOLF* für Olympia"
24. „Das Arbeitsheft zum Buch ‚Abschlag Rio ...". Format A 4
25. CD-ROM: „Arbeits- und Kopiermaterialien JFTO"